「イデミ スギノ」
杉野英実のスイーツ

シンプルでも素材らしく

柴田書店

シンプルでも素材らしく

早いもので、この仕事をはじめて40年になります。
素材の味わいをより感じられる
おいしいお菓子をずっと追い求めてきました。
この本では、素材もつくり方もシンプルだけれども、
その素材が何倍もおいしくなる方法や、少しだけ手間をかけることで
素材の味をとてもよく引き出せるお菓子づくりを、と考えました。
たとえばチュイルは、1度素焼きして粗熱をとってから2度焼きすることで、
中心部分までしっかりと火が入り、
粉やバターの風味が驚くほど引き出されるようになります。
ちょっとしたことで、いままでつくってきたものが飛躍的においしくなるのです。
さて、ここで紹介したムース、タルト、パルフェ・グラッセ、
ケーク、コンポートなどはどれも、フルーツなどの素材や
スパイスやハーブを変えるだけでまたたく間に違うお菓子に生まれ変わります。
素材を変えたり、つくり方を工夫したりするその変化の中、
新しいものをつくり上げていく創造性や意外性を感じることができます。
その醍醐味が楽しくて長年、僕はこの仕事を続けてきました。
皆さんもその楽しみを見つけられたら、お菓子づくりが楽しくなり、
自分にしかできない「あなたの世界（お菓子）」を表現できるようになります。

2013年春　杉野英実

目次　シンプルでも素材らしく

フルーツ、フルーツ、フルーツ

カクテル
フレゼット　8

コンポート
桃のコンポート　9

マリネ
イチジクのマリネ、シャンティイ添え　14
パイナップルとライムのマリネ　15
マンゴーとバジルのマリネ、フロマージュ・ブラン添え　16
イチゴとミントのマリネ、アイスクリーム添え　17

シロップ煮
冷凍カシスのシロップ煮　18
キンカンのシロップ煮、アイスクリーム添え　22

ジャム
ニンジンとカルダモンのジャム　26
パイナップルとブラックペッパーのジャム　28
リンゴとジンジャーのジャム　29
リンゴの皮のチップ　31

ソテー
リンゴとナッツのキャラメリゼ　34
イチゴのバルサミコ酢ソース、アイスクリーム添え　36

クリーム状のお菓子とジュレ
グレープフルーツの果肉入り飲むジュレ　38
ブルーベリーと巨峰のムース　40
バナナとチョコレートのジンジャー風味ムース　42
キルシュのスフレグラッセ　44・46
プラムのパルフェグラッセ　45・47

[コラムと楽しみ方]
ケーキとカクテルは近い　10
砂糖とレモンの搾り汁、あるいは、
砂糖と酒で素材より素材らしく　13
フルーツは香りと酸味のあるものを選ぶ　20
シロップの楽しみ方　21
ジャムづくりの発想　24
ジャムの活用法　30
「酸」のおいしさと料理人の自由な発想　33
フランス人は食材をムダにしない　48

パンでお菓子をつくる、生地を食べる

パンでつくる

フルーティなパン・ペルデュ（フレンチトースト）　50・52
　│カシス風味／オレンジ風味

香りラスク、香りバターとラスク　51・53
　│シトロン／パン・デピス／ローズマリー

生地を食べる

焼き方で食感が変わるダッコワーズ3種
　│ココナッツのダッコワーズ　56
　│イチゴのダッコワーズ　56・58
　│ダッコワーズ・カフェ　56・58

ダッコワーズにバタークリームをはさんで
　│ダッコワーズ・ココアブリコ　59・60
　│ダッコワーズ・フレーズ　59・61

チュイル2種
　│ココナッツのチュイル　62・64
　│アーモンドとスパイスのチュイル　62・65

タルト

パート・シュクレ――フードプロセッサーで混ぜるだけ　69
アプリコットのタルト、ローズマリー風味　70
パイナップルのマリネ入りタルトレット　72・74
マロンのクラフティ、パン・デピス風味　73・75

ケークほか

基本のケークのつくり方――フードプロセッサーで混ぜるだけ　78
フランボワーズのケーク　76・78
オレンジのケーク　77・79
ミントのケーク　77・79
モンブラン・マ・ファソン　66
ディプロマット（パンプディング）　80・82
ラムレーズン入りのコーヒーのフラン　81・83
クレーム・ブリュレ・オランジュ　84・86
黒コショウ入りクロタン・ココ　85・86

[コラムと楽しみ方]

ラスクといっしょに　54
いつものパンが楽しいお菓子に　55
チュイルは2度焼きして
芯まで火を入れる　63
タルトのおいしさは粉の旨み　68
おいしさは進化する　87

つくる前に　6

つくる前に

・「卵」は1個あたり殻をのぞいて50〜55gで、そのうち卵黄はおよそ1/3強(約20g)、卵白は2/3くらい(約30g)の重量があります。
・「バター」は無塩バターを使います。
・「生クリーム」は、乳脂肪分42%のものを使っています。
・ムースやパルフェグラッセに使う「生クリーム」は特に記述がない場合、あらかじめ泡立てて冷蔵庫に入れておき、使う直前に出して泡立器でまわし混ぜてきめを整えてから使います。
・オーヴンは、焼く温度にあらかじめ温めておきます。
・ここでは加熱調理に電磁調理器を使っていますが、コンロでも問題ありません。
・つくる個数が多い場合もありますが、これはおいしくできる最低分量でつくっているためです。

撮影	石井宏明
スタイリング	高橋みどり
デザイン AD	有山達也
レイアウト	岩渕恵子
DTP修正	秋葉正紀
編集	猪俣幸子

フルーツ、フルーツ、フルーツ

デザート用のフルーツを生のままではなく、
マリネしてから使っていたのを見たのは、
昔のこと、知合いのレストランの厨房ででした。
そのフルーツのおいしかったこと。
おいしいフルーツを選ぶのはもちろんですが、
フルーツは何かを加えてよりおいしくなります。
そんな素材感を増したものをパーツではなく、
主役として登場させてみました。

フレゼット

イチゴとオレンジ、
白ワインを混ぜただけの極上な食前酒

材料　3〜4人分

イチゴ（酸味のあるものを使う）……250g
オレンジの搾り汁……150g
レモンの搾り汁……20g
＊イチゴの酸味が足りない場合はやや多めに加える。
白ワイン……150g
グラニュー糖……60g

1　イチゴはヘタを除く。
2　1と残りの材料すべてをミキサーにかけ、容器に移して泡が少なくなるまで冷蔵しておく。
　＊スティックミキサーなどで攪拌してもよい。
3　冷蔵すると果肉が沈むので、ひと混ぜしてグラスに注ぐ。

桃のコンポート

レモンで桃らしさを、
レモングラスで清涼感を

材料　4人分

桃……2個
＊桃は皮がむけるくらいの固さのものを選ぶ。ただし、柔らかすぎると煮くずれる。固すぎる場合は、ちょうどいい固さになるまで待つ。

シロップ
白ワイン……75g
砂糖……75g
レモンの搾り汁……10g
水……250cc
レモングラス（できれば生）
　……8cmの長さのもの4本

1. 桃はよく水洗いして表面の毛羽立ちもこすりとり、水気をよくふく。
2. 桃の中央にタテにナイフを入れて種にあたったら一周させる。切り目を水平にして持ち、切り目からナイフの先を入れて上側の種と果肉の際にあて、ナイフを上下に少しずつ動かしながら桃をまわし、2つに割れるまで徐々に種から果肉を引き離す。
3. お尻側から皮をむく。種がついた側は2と同じ要領でナイフを果肉と種の間に入れて動かしながらまわし、種を除いてから皮をむく。
4. レモングラス以外のシロップの材料を鍋に入れて泡立て器でよく混ぜ、桃とレモングラスを加える。
5. オーヴンペーパーを鍋の口径より少し小さいサイズの円形に切り、4つ折りにしたあとさらに4つ折りにして頂点部分を大きめに丸くカットし、両側の折り山に数箇所切込みを入れる。この紙蓋を4にのせて火をつける(a)。
6. 温まってきたら桃をひっくり返し、フツフツと湧き立ってきたら火からおろす。アクが出てきたら紙蓋の穴からとるとよい。常温において粗熱をとる。
7. 粗熱がとれたら1日冷蔵庫に入れて味を含ませる。器にシロップごと盛る。

ケーキとカクテルは近い

スイスのレストランで働いていた時、
フランボワーズの熟しすぎたのや、食べてはおいしいけれど形状的に使えない
イチゴなどのフルーツをミキサーにかけ、
シャンパンや白ワインなどと合わせて
食前酒として出していました。
材料をムダなく利用してつくったカクテル。これが、実においしかったのです！
僕がこの店に入るまで、こうした食前酒の配合はなかったので
僕が配合を考えて決めたのですが、
フルーツの熟度や酸味、香りで味は変わります。
それで味を微調整してもいました。

ある時、ケーキの新作を考えていて、この食前酒のことをふと思い出しました。
飲んでおいしいのだからケーキに仕立ててもおいしいのではないか、と。
そして、まさしくおいしいお菓子ができ上がり、春先になると
店のショーケースに並べるようになりました。
それが「フレゼット」。
素材の組合せは同じです。
このことがきっかけで、昔おいしかったカクテルの素材はケーキに、
そして、ケーキの素材はカクテルになりうるのではないか、
と考えるようになったのです。
こうして昔の味の記憶が突然よみがえってきて
素材を組み合わせてみることは僕にはよくあることで、
間違いなくおいしさにたどり着きます。

あなたも、おいしかった記憶をたどって、
フルーツとお酒を合わせてみると、
自分のおいしいカクテルができるのではないでしょうか。

フレゼット

砂糖とレモンの搾り汁、あるいは、
砂糖と酒で素材より素材らしく

桃やイチジクなどのいくつかのフルーツは
味が茫洋としていて、
そのままではお菓子として表現しづらい場合があります。
そんな時に僕は、グラニュー糖とレモンの搾り汁や酒をふって
しばらくおいておきます。
そうすると、あーら不思議、そのフルーツの輪郭がくっきりと現れます。
意識はしていませんでしたが、
これは僕のひとつのクセというかメソッドだと言われます。

また、味が複雑になり、ハッと驚くようなおいしさになることがあります。
たとえばP15のパイナップルとライムのマリネのように
ライムの搾り汁とキルシュを加えることで
ライムが格段にいい香りにグレードアップされ、
パイナップルがとても奥深いトロピカルな風味に変わります。

酒は素材の味を補う香りを加える役割です。
また、酒は味をシャープにさせ、
甘いものを最後までおいしく食べさせてくれます。

酒と砂糖とレモンの搾り汁で
フルーツを素材より素材らしく表現できるのです。
いつだっておいしさを追求していると、こんな発見があります。

また、パイナップルとライムのように
同じ地域や気候のものは相性がよいということも、
覚えておくといいと思います。

イチジクのマリネ、シャンティイ添え

キルシュと砂糖で
イチジクの味の輪郭がくっきり

材料　約2人分

イチジク……2個
グラニュー糖……約20g
＊できれば微粒グラニュー糖。
キルシュ……約3g（小さじ1）

クレーム・シャンティイ
生クリーム……適量
グラニュー糖……生クリームの重量の8%

1　イチジクはとんがった軸をカットし、タテ8等分に切り、ナイフで皮をそぐ(a)。
2　1のイチジクをまな板に並べ、グラニュー糖、キルシュの順にふってラップ紙でおおい、冷蔵庫に入れて20〜30分マリネする。
　＊キルシュは1切れに1滴ずつかける感覚でふる。
3　生クリームにグラニュー糖を加えてしっかり泡立て、器にスプーンで盛る。
4　イチジクを3の器に盛り合わせる。

パイナップルとライムのマリネ

パイナップルに
かぐわしいライムの香りがふわっと

材料 2〜3人分

パイナップル（皮むき・芯抜き）……200g
*あれば酸味があるゴールデンパイナップルがよい。
ライムの表皮（粗い目のおろし器でおろす）
……1/2個分
グラニュー糖……8g
キルシュ……10g
ライムの搾り汁……10g

1 パイナップルは1cm角のキューブ状にカットする。
2 すべての材料をボウルに合わせて混ぜ、冷蔵庫に入れて20〜30分マリネする。
3 冷えて味がなじんだら器に盛る。

マンゴーとバジルのマリネ、フロマージュ・ブラン添え

バジルとオリーヴオイルで味のメリハリが出る

材料　2～3人分

マンゴー
　……1個（カットして200g程度）
　＊酸味がある方がおいしい。
バジルの葉……5枚
オリーヴオイル……6g
グラニュー糖……約8g
レモンの搾り汁……5g

フロマージュ・ブラン……適量

1　マンゴーは皮をむき、3枚おろしのように種を中央にはさんで3等分する。中央の果肉の種の周りにナイフの先を入れて1周し、種を除く。
2　マンゴーを7～8mm角にカットする。
3　バジルを手でちぎり、オリーヴオイルといっしょにすり鉢であたる。
4　2のマンゴーにグラニュー糖とレモンの搾り汁をふる。
　＊アップルマンゴーなどで酸味がない場合は、レモンの搾り汁を少し多めに加えるとよい。
5　4に3を加えて和え、冷蔵庫で20～30分マリネする。
6　味がなじんだら器に盛り、フロマージュ・ブランを好みの量添える。

イチゴとミントのマリネ、アイスクリーム添え

イチゴの甘味と酸味が濃くなり、ミントでさわやか

材料　2人分

イチゴ……150g
ミントの葉……約10枚
グラニュー糖……2〜4g
＊イチゴの甘さで加減する。
レモンの搾り汁……7g

ヴァニラアイスクリーム……適量

1. イチゴはヘタを除きタテ半分にカットする
2. ミントの葉を粗く刻む。
3. イチゴ、ミントの葉、グラニュー糖、レモンの搾り汁をボウルに合わせてイチゴをつぶさないようにやさしく混ぜ、冷蔵庫に20〜30分入れてマリネする。
4. 器にアイスクリームを盛り、3のイチゴを汁ごとのせる。

［フルーツの酸味によって加減するもの］
イチゴの酸味が強い場合は砂糖を増やしてレモンの搾り汁を減らすなど、調節しておいしくする。

冷凍カシスのシロップ煮

冷凍のままさっと炊くだけ。用途もいろいろ

材料　でき上がり400g弱

グラニュー糖……100g
水……100g
冷凍カシス……200g
＊冷凍フルーツでグロゼイユ（赤スグリ）、ブラックベリー、ブルーベリーなど酸味があって身がしっかりしているものならば、ほかのものでもつくれる。

1　グラニュー糖と水を鍋に入れて火にかけ、泡立器でよく混ぜてから沸かす。
2　1に冷凍のままカシスを加える（a）。時々鍋をゆすって混ぜる。
　＊熱のあるうちに混ぜるとカシスが崩れるので、スプーンなどは使わず鍋ごとゆする。
3　ふたたび沸騰したら火をとめる（b）。粗熱をとって密閉容器に移し、冷蔵庫に入れる。
　＊フロマージュ・ブラン、ヨーグルト、アイスクリームなどに添えてもおいしい。

［長く保存したければ…］
冷蔵庫で1週間はもつが、長く保存したければ、ジャムのように熱々をビンに詰めてもよい（→P27）。

［ほかのベリーでつくる場合］
でき上がりを食べてみてブルーベリーなど酸味が足りないと感じたら、3で火をとめてからレモンの搾り汁を適量加えるとよい。

a

b

フルーツは香りと酸味のあるものを選ぶ

最近、フルーツのコンポート(シロップ煮)を
とてもシンプルにつくるようになりました。
たとえばキンカンは、コンフィ(フルーツの砂糖漬け)のような
少し手間のかかるつくり方でつくっていました。
フルーツをいったんシロップで炊き、翌日シロップだけを沸かしてフルーツにもどす。
これを2度くり返してシロップを浸透させるつくり方にしていました。
キンカンはやや固い皮があるのでシロップを皮まで浸透させたい、と考えたからです。
しかし、糖度が高くなって素材本来の苦み、酸味が弱くなり、表面が気持ち固くなります。
この点が、僕の中でずっとひっかかっていました。
それで、沸騰してから1〜2分炊いて水分を飛ばして少し煮つめるやり方に変え、
さらに現在は沸騰したら火をとめて余熱で火を入れ、味を浸透させる方法にしています。
コンポートですし、そのほうが、フレッシュ感も残ると思います。

カシスやブラックベリーは冷凍のまま熱したシロップに入れて炊きます。
そうやってどんどん簡単なつくり方になっていきました。
配合もいたってシンプルです。フルーツと砂糖と水のみ。
紙蓋をして沸騰させたら終わり。そのまま冷まして味を浸透させます。

いずれにしても砂糖をけっこう使いますので、
コンポートに限らずジャムやコンフィにしてもそうですが、
フルーツは香りがあるもの、また酸味が強いものを選ぶのが
おいしくつくるコツです。
糖度とのバランスもとれ、香りもよくなります。
冷凍ベリー類のコンポート用にはカシスのほか、
グロゼイユ(赤スグリ)、ブラックベリー、ブルーベリーでも
おいしくつくれます。ただし、フランボワーズは
煮くずれてしまうので、コンポートには向きません。

シロップの楽しみ方

コンポートをつくったら、シロップも楽しみましょう。
フランス人は食材をとことん利用するという気質があり、
その精神にのっとって、おいしい利用の仕方を考えます。
炭酸やシャンパンで割ると、
清涼感が加わって、甘酸っぱくさわやかなカクテルになります。
ヨーグルトやアイスクリームにかけるのもいいかもしれません。
そうそう、果実のほうは、ロシアンティーとして紅茶を飲みながら
食べる、というのもおいしい味わい方です。

カシスの炭酸割

カシスのシロップ煮
(→P19)のシロップ……50g
ペリエ……120g

シロップにペリエを注いで混ぜる。

キンカンのシロップ煮、アイスクリーム添え

キンカンがジューシーで甘いデザートになる

材料　でき上がり400g弱

キンカン……200g
グラニュー糖……200g
水……200g

ヴァニラアイスクリーム(市販)……適量

1　キンカンはヘタを除いて横半分にカットし、ペティナイフの先で種を除いておく。
2　紙蓋をつくる。オーヴンペーパーを鍋の口径より少し小さいサイズの円形に切り、4つ折りにしたあとでさらに4つ折りにして頂点部分を大きめに丸くカットし、両側の折り山に数箇所切込みを入れる(→P9・a)。
3　グラニュー糖と水を鍋に入れて泡立器でよく混ぜてからキンカンを加える。2の紙蓋をして火にかける。
4　沸騰したら火をとめる。
5　ジャムと同様にすぐに煮沸したビンに入れて蓋をし、ひっくり返す(→P27)。粗熱がとれたら冷蔵庫で保管する。
　＊開封しなければ、冷蔵で6ヵ月は保存可能。
6　器に好みの量のキンカンを盛り、さっとお湯につけたスプーンでアイスクリームをすくって添える。
　＊アイスクリームなしでもおいしい。

ジャムづくりの発想

伝統的なジャムというのは糖度が65%以上はありますから、
僕がつくるジャムは、糖度からすると50%もない場合もあり、
ジャムとは呼べないかもしれません。
それに、パンに塗ることだけを想定してはいません。
僕の店では料理のソースに混ぜたり、
チーズに添えて食べることもおすすめしています。
ジャムは旬の素材感を味わってもらいたいと考えていて、
フレッシュ感、ジューシーさを尊重し、とろみが少ないことも多々あります。
糖度が低いので冷蔵庫で保管してもらうことにもなります。

また、素材の組合せは「料理的に」自由な発想で考えます。
修業時代、スイスのレストランでは料理のつけ合せのニンジンを
オレンジジュースで煮ていました。
これがおいしかった。実に合うのです。
思いもつかない発想で素材をとり合わせることが
新鮮な味わいを生み出します。
だから、ニンジンとカルダモンのジャム(→P26)は
オレンジの搾り汁で炊いてみました。
食感を残すために半分はスライス、残りはすりおろして。

それからある時、でき上がったジャムに
香りが加わるとさらにおいしくなることを知り、素材に合わせて
ヴェルベーヌやレモングラス、レモンタイム、フェンネルの花、ローリエ、
ローズマリーなどのハーブやスパイスを加えるようになりました。
これはスイスのレストランで、肉などの料理のつけ合わせに
砂糖を少なめにしてスパイスを加えて炊いたプラムの赤ワイン煮を
添えていたことなどに刺激を受けてのこと。香りがよく、料理もおいしくなります。
また、あるホテルでは、スターアニス、クローヴ、キャラウェイ、
オレンジの皮を加えたプラムの赤ワイン煮をヨーグルトと合わせていました。

ヨーロッパでは味としてまず「香り」を問います。
その香りをジャムにもつけたいと思いました。
ニンジンにはカルダモンが合うと思って、
容器に詰めたジャムに放り込んでから密封するようにしています。
熱々のジャムの余熱で、香りが全体に広がるのです。
聞けば「ガジャル・ハルワ」というインドのデザートは
ニンジンとカルダモンを合わせてつくるそうです。これはあとで知ったこと。
やはり相性がいいのですね。
料理的な発想で素材や香りを組み合わせることが
おいしく新鮮な味わいにすると信じて、僕はジャムをつくっています。

ニンジンとカルダモンのジャム

オレンジで炊く
エキゾチックな味

材料　260cc容量のビン2本分

ニンジン……小2本（約260g）
＊ニンジンらしい香りの強いものがよい。
オレンジの搾り汁……150g
A ┌ グラニュー糖……120g
　├ 水飴……60g
　└ 水……30g
B ┌ ペクチン……5g
　└ グラニュー糖……65g
レモンの搾り汁……35g
カルダモン……4粒

1. ニンジンは皮をむき、1本をすりおろし、もう1本はスライサーで厚さ1mm程度の薄い輪切りにする。
2. ボウルにすりおろしたニンジンとオレンジジュースを合わせて混ぜておく。
3. Aを手鍋に入れて火にかけ、焦げないように鍋をまわしながら沸かす。
4. フツフツといってきたら火をとめて2を加え、泡立器でよく混ぜる(a)。
5. 泡立器で混ぜながら4にBを加える(b)。
　＊火をつけたままだと蒸気がペクチンに付着し、ダマになりやすいので火をいったんとめてペクチンを加える。
6. スライスしたニンジンを加えて側面についたハネもきれいに混ぜ、ふたたび火をつける(c)。ニンジンの歯ごたえが残るくらいに炊く（強火で1〜2分沸騰。d）。火をとめて、味をみながらレモンの搾り汁を加える。
7. 煮沸して乾かしたビンに熱々の6を入れる。
8. カルダモンを2粒ずつ手でパンと軽くたたいてからジャムに入れる。蓋をしてすぐに逆さにし、冷めるまでおく。

[保存のこと]
熱々のジャムをビンに詰めてからすぐに逆さにするのは、ビンの中の空気を余熱で熱し、菌の繁殖を抑えるため。ジャムはぎりぎりに入れて空気を少なくするとさらに保存がよくなり、きれいな色もキープできる。

[レモンの搾り汁は加減して]
最後に加えるレモンの搾り汁は、味をみて調節するとよい。

a

b

c

d

パイナップルと
ブラックペッパーのジャム

ブラックペッパーがピリッ。
パテ・ド・カンパーニュにも合う

材料　260cc容量のビン2本分

パイナップル（皮むき・芯抜き）……500g
＊200gはフードプロセッサーでピュレにする。
　300gは8mm厚さにヨコにスライスしてから幅2cmのイチョウ切りにする。

A ┌ グラニュー糖……90g
　├ 水飴……80g
　└ 水……40g

B ┌ ペクチン……7g
　└ グラニュー糖……80g

レモンの搾り汁……55g
ブラックペッパー……適量

1　Aを手鍋に入れて火にかけ、沸いたら火をとめる。
2　パイナップルのピュレ全量とイチョウ切りにした果肉の1/3〜1/2量を1に加え混ぜる。
3　泡立器でよく混ぜながらBを加え混ぜる。
4　残りの果肉を加え、火をつける。
5　強火にして沸騰してから1〜2分炊く。
6　5にレモンの搾り汁を加え、ブラックペッパーを挽く。
7　煮沸しておいたビンに入れ、蓋をしてすぐに逆さにして冷めるまでおく。

リンゴと
ジンジャーのジャム

ショウガが新鮮な味わい

材料　260cc容量のビン2本分

リンゴ……芯を抜いて420g（約3個分）
A ┌ グラニュー糖……100g
　├ 水飴……80g
　└ 水……120g
B ┌ ペクチン……6g
　└ グラニュー糖……100g
レモンの表皮（白いワタを除いてせん切り）……1個分
＊塩少々を加えて沸騰させた湯に入れてゆでこぼしてから
　水洗いし（ワックスをとるため）、ペーパータオルで水気
　をふいておく。
ショウガ（すりおろす）……6g
レモンの搾り汁……30g

1　芯を抜いたリンゴはタテ半分にカットし、皮つきの
　　ままスライサーにかける。端は包丁でスライスする。
2　Aを手鍋に入れて火にかけ、沸く直前にレモンの表
　　皮のせん切りを加え、透明感が出るまで加熱して火
　　をとめる。
3　2にスライスしたリンゴの1/3量を加える。
4　泡立て器でよく混ぜながらBを加えたあと、残りのリ
　　ンゴを加える。
5　火にかけ、強火にして沸騰してから1〜2分炊く。
6　火をとめ、おろしたショウガを加え混ぜる。次にレ
　　モンの搾り汁を加えて混ぜる。
7　煮沸しておいたビンに入れ、蓋をしてすぐに逆さに
　　して冷めるまでおく。

ジャムの活用法

パンにつけるだけではなく、ジャムにはいろいろな楽しみ方があります。
アイスクリームやヨーグルトのソース代わりにするのももちろんですが、
フロマージュ・ブラン（熟成させないフレッシュチーズ）にも合います。
そのほか、チーズやテリーヌなどの料理に添えてもおいしいと思います。
パイナップルとブラックペッパーのジャム（→P28）などは、
パテ・ド・カンパーニュにぴったり。パイナップルと豚肉は合います。
ニンジンとカルダモンのジャム（→P26）などは、
鶏モモ肉のソテーに添えてもおいしく食べられます。
また、生姜焼きやポークソテーなどの料理のソースに少し加えると
深い味わいになることもあります。
とくにリンゴとジンジャーのジャム（→P29）は
生姜焼きと相性がいいと思います。
まず食べてみて、何に合いそうか想像することです。

リンゴの皮のチップ

リンゴの皮もお菓子にできます。
カリカリ、パリパリ

材料

リンゴの皮……2個分
粉糖……リンゴの皮の重量の半量

1 リンゴの皮はエコノム(皮むき器)などでごく薄くむく(a)。
2 ボウルに入れたリンゴ全体に粉糖をふり、リンゴから汁が出てしっとりとつやがよくなるまで手で混ぜる(b)。
3 ラップ紙でおおい、冷蔵庫に20〜30分おいてから片方の端だけとがるように巻いて、天板に敷いたオーヴンペーパーか樹脂製マットの上に間隔をあけて並べる(c)。
4 90℃のオーヴンで1時間20分焼く。焼けたら粗熱をとってすぐに乾燥剤を入れた密閉容器に入れて保存する。この状態で1ヵ月保存できる。

a 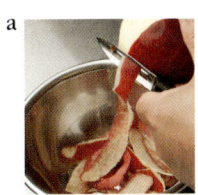 b  c

「酸」のおいしさと料理人の自由な発想

生クリームにレモン汁を加えて泡立てたものを、リンゴのキャラメリゼに
添えて食べるとおいしいと知ったのは、
スイスのレストランで働きはじめた頃です。
この店では、デザートのリンゴのタルトに添えた生クリームに、
レモン汁を加えて泡立てていたのです。
タルトに使ったリンゴはキャラメリゼされていました。
キャラメリゼすると酸味とコクが出て、
その味にレモンの酸味が同調するせいなのか、
レモン汁入りの生クリームで、リンゴがことのほかおいしく感じられたのです。
「酸」が生み出すおいしさ。このことは新鮮でした。

お菓子屋ではテクニックを学びました。
基本技術はとても重要です。
しかし、どうしたら皿の上で表現できるかといった自由な発想は、
料理人といっしょに仕事をした中で体得したことでした。
お菓子屋にはこうやらないといけない、配合はこうだというルールがあります。
このルールにしばられている分、自由さはありません。
一方、料理人は毎日変わる素材が相手で
その時々の素材に合わせておいしさにアプローチします。
自由な発想で皿の上を表現するのです。
思いもよらない素材の組合せもあったりします。
だから、生クリームにレモン汁を加えることも「あり」だった。
フルーツでもそのまま使わず、
レモンの搾り汁や酒を加えることはレストランではめずらしいことではありません。
素材は、何かを加えることでより素材らしさが、くっと出てきます。
僕の素材より素材らしい表現は
料理人の自由な発想を学んだから生まれたのだと思います。

リンゴとナッツのキャラメリゼ

レモンの搾り汁入りシャンティイがおいしさをプラス

材料　2人分

レモンの搾り汁入りシャンティイ
生クリーム……50g
グラニュー糖……4g
レモンの搾り汁……5g

リンゴとナッツのキャラメリゼ
リンゴ……1個半
＊冷たいとキャラメルが固まってしまうので常温にもどす。紅玉など酸味のあるものがおいしい。
バター……10g
グラニュー糖……40g
カルヴァドス酒……10〜15g
＊リンゴのお酒。なければブランデーかウイスキーでよい。
クルミ（半割）……20g
ヘーゼルナッツ……10g
＊ナッツはそれぞれ170℃で15分焼いて、クルミはさらに半分に割り、ヘーゼルナッツはペティナイフでざっくりカットし、合わせておく。

1 生クリームはグラニュー糖を加えてヘラですくえる程度にゆるく泡立て、冷蔵庫に入れておく。盛りつける時にとり出し、レモンの搾り汁を加えてスプーンで混ぜる。
2 リンゴは皮をむいてタテ10等分にカットし、軸と芯部分を除く。バターは溶けやすいようにカットしておく。
3 フライパンにカットしたバターを入れて火にかけ、バターを鍋底全体に広げて溶かす。
4 バターが溶けたらグラニュー糖をフライパン全面にふり入れる（a）。時々鍋をゆすって一部だけが焦げないようムラなく加熱する。
5 キャラメル色になったらカルヴァドス10gを加えてゆるめ（b）、すぐに2のリンゴを入れる。リンゴはキャラメルがからまりすいように鍋全面に広げるようにする（c）。
6 時々ゆすって返し、リンゴの角がやや丸くなって火が通り、キャラメルがよくからまるまで加熱する。
＊リンゴは時期がずれると水分が少ない。キャラメルがリンゴにからまった時にリンゴから果汁がやや出ている程度がよく、足りなければカルヴァドスをあと4〜5g足す。
7 リンゴに火が通ってキャラメルがよくからまったら、ナッツ類を加えて2〜3度鍋をあおって火をとめる（d）。
8 器に7を盛り、レモンの搾り汁を加え混ぜたホイップクリームを添える。

a
b
c
d

イチゴの
バルサミコ酢ソース、
アイスクリーム添え

バルサミコ酢でイチゴの酸味に切れと深みをつくる

材料　2人分

イチゴのバルサミコ酢ソース
イチゴ（常温にもどす）……150g
バター……10g
グラニュー糖……40g
バルサミコ酢……7g

アイスクリーム（市販でよい）……適量

1. イチゴはヘタを除いてタテ半分にカットする。バターは溶けやすいようにカットしておく。
2. フライパンにカットしたバターを入れて火にかけ、鍋底全体に広げて溶かす。
3. バターが溶けたらグラニュー糖をフライパン全面を覆うようにふり入れる。時々鍋をゆすって一部だけが焦げないようムラなく加熱する。
4. キャラメル色になったらバルサミコ酢を加えてゆるめ(a)、すぐにイチゴを入れる(b)。イチゴは鍋全面に広げるように入れる。
5. 時々ゆすって返し、イチゴに火が通ったら火をとめる(c)。
   *イチゴから果汁が出て、ソースとなる。
6. 器に5を分け入れ、アイスクリームを大きなスプーンなどですくってのせる。

a　b　c

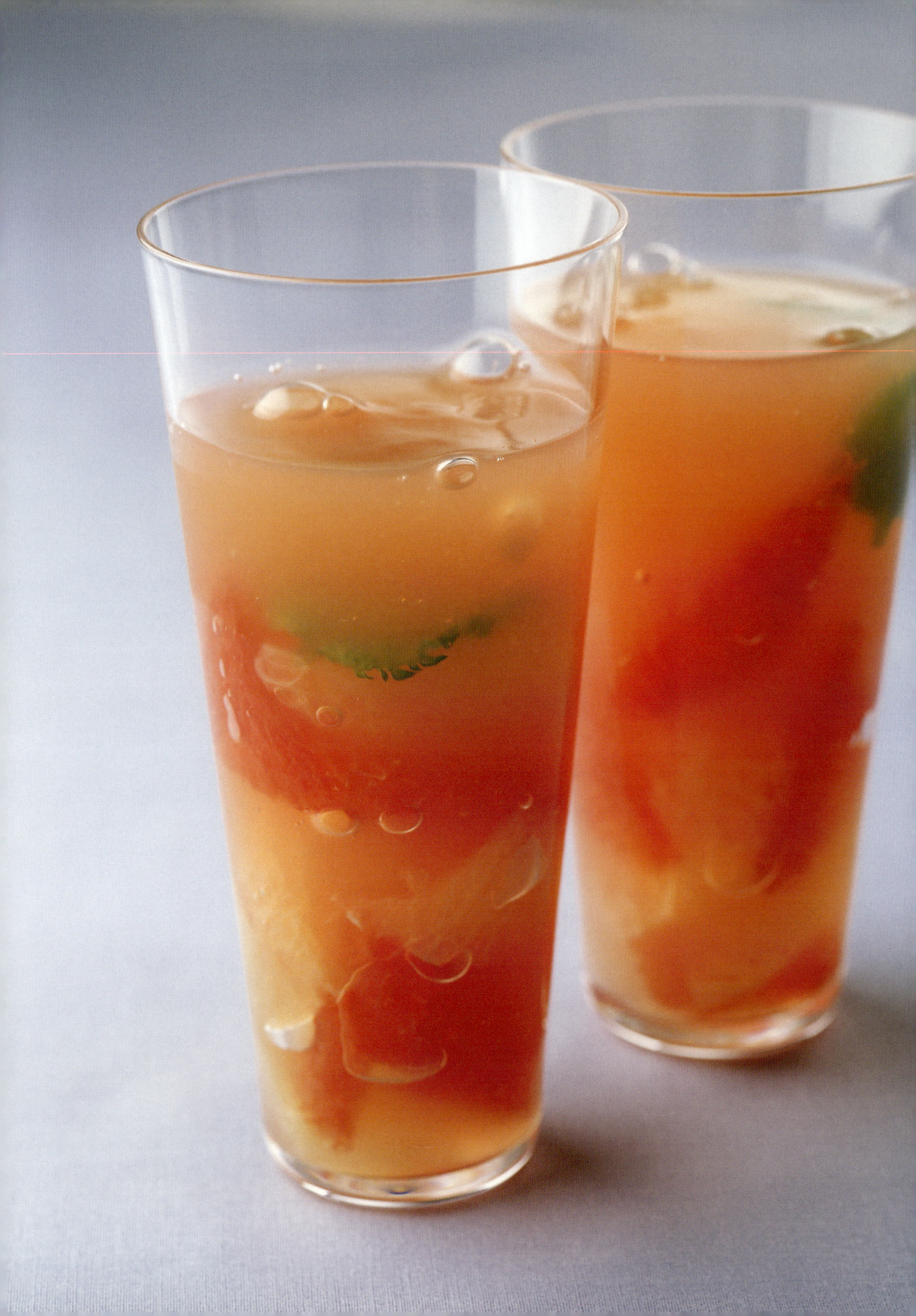

グレープフルーツの果肉入り飲むジュレ

フルフルさわやか

材料 約200cc容量のグラスで約3人分

グレープフルーツ
白……2個（約370g／1個）
ルビー……2個（約350g／1個）
＊張りがあるものを選ぶ。ルビーは皮の赤みが濃い方が中の身も赤くてきれい。

飾り
グレープフルーツの房
……上記から白、ルビー各11～12房（各1玉分）程度
グラニュー糖……5g
ジン……5g
＊ジンは香りがいいものを選ぶとよい。飲んでおいしいものはお菓子に使ってもおいしい。

ジュレ
上記からグレープフルーツの搾り汁
……390g
グラニュー糖……40g
レモンの搾り汁……20g
ジン……15g
板ゼラチン……5g
＊氷水につけて、柔らかくなったら水気をふく。

ミントの葉……グラス1つにつき1枚ずつ

1　飾り用グレープフルーツの果肉をとり出す。1玉ずつ薄皮まで切りとるように厚く皮をむき、1つの房の両サイドから薄皮と果肉の間にナイフをV字形に入れ、果肉を1つずつとり出す（→P86・a）。
＊この切り方を「カルチェに切る」という。
2　1の果肉は斜めにカットして半分にし、バットに並べる。上からグラニュー糖とジンをふりかけてラップ紙でおおい、冷蔵庫で冷やしておく。
3　グレープフルーツは果肉をとったものを含め、残りをギュッと握ってジュースをとる。

ジュレ

4　3の搾り汁にグラニュー糖とレモンの搾り汁、ジン10gを加え混ぜる。
5　ボウルに入れたふやかしたゼラチンにジン5gを加え、火をとめた状態で湯煎にかけて溶かす（a）。あまり温めすぎないように注意する。
＊ゼラチンを酒で溶かすのは、酒が散りやすいから。その酒といっしょにゼラチンをほかの材料に拡散させるため。煮立てるとボウル側面に皮膜ができるので、温めすぎないように火をとめて加熱する。
6　4のうち少量を5に加えてよく混ぜたら、これを4に少しずつ糸を垂らすように混ぜながらもどし入れる（b）。
＊まずゼラチンに果汁少量を混ぜておくと、ダマができにくく混ざりやすい。
7　6をラップ紙でおおい、冷蔵庫で3～4時間冷やし固める。ゆするとフルフルっとゆれる状態になる（c）。
8　グラスに2の果肉を白、ルビー交互にモザイク模様のように入れ、ミントの葉も1枚ずつ入れる。
9　その上からジュレを流し込む。スプーンとフォークで食べる。

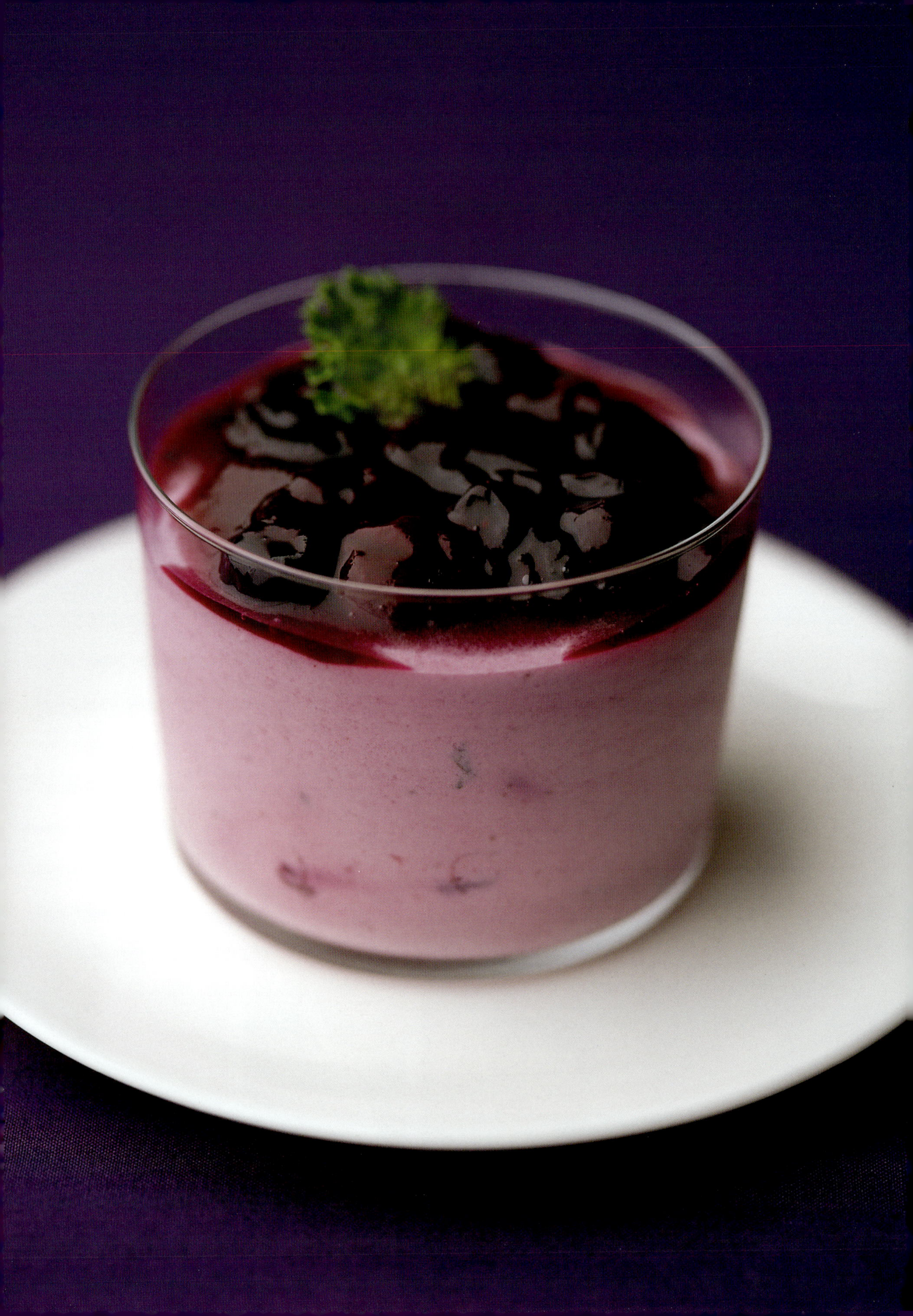

ブルーベリーと巨峰のムース

ヨーグルトで
さわやかムース

材料　直径5〜6cm、高さ5cmの容器4個分

グラニュー糖……50g
巨峰……60g
＊半分にカットして種をとり、さらに半分にカットしておく。
ブルーベリー(小粒)……150g
＊酸味があって固めのものを選ぶ。
ミントの葉……長さ2cmのもの20枚
＊5mm大に粗くカットしておく。
レモンの搾り汁……20g

板ゼラチン……2g
＊氷水につけて、柔らかくなったら水気をよくふく。
ヨーグルト……100g
生クリーム……100g

飾り用ミントの葉……少々

1　生クリームはつくる30分以上前にボウルに入れてすくうと角の先がゆっくりと曲がる9分立てに泡立て、冷蔵庫に入れておく。
2　鍋にグラニュー糖を入れて火にかけ、すぐに巨峰、ブルーベリー、ミントの葉を入れて木ベラで混ぜながら加熱する(a)。
3　ジュースが出て赤くなり、ブルーベリーが柔らかくなってきたら火をとめて、レモンの搾り汁を加え混ぜる。このうち80gを飾り用にとりおき、残りをボウルに移してゼラチンを加えて混ぜ溶かす。
4　氷水にあてて混ぜながら完全に冷ます(b)。
5　ヨーグルトは泡立て器で混ぜてクリーム状にし、4に加えてよく混ぜる(c)。
6　1の生クリームをとり出して泡立て器でまわし混ぜてきめを整え、ここに5を1/3量ずつ加えて混ぜる(d)。ボウルをまわしながら泡立て器ですくっては手首を返すようにして混ぜる。最後にゴムベラに持ち替え、底と側面をはらって混ぜ残しがないようにする。
7　6を容器に入れ、冷蔵庫で3〜4時間冷やし固める。
8　固まったらとり出し、3でとりおいた飾り用のフルーツをのせ、ミントの葉を飾る。

a　b　c　d

バナナとチョコレートのジンジャー風味ムース

絶妙な味の組合せ。
パーツだけでも楽しめる

材料　10人分

バナナソテー
- バナナ（常温）……300g
  *フィリピンバナナが水分も酸味も糖度もあってお菓子には最適。水分が少ないものはソテーするとパサつく。
- レモンの搾り汁……10g
- バター……10g
- グラニュー糖……40g
- ラム酒……20g

アーモンドスライスの飾り
- アーモンドスライス……90g
- 粉糖……45g
- シロップ……60g
  *グラニュー糖と水を1:1の割合で合わせて火にかけ、砂糖を溶かしてから冷ましたもの。

チョコレートのムース
- 生クリームA……260g
- 生クリームB……35g
- グラニュー糖……30g
- 卵黄……70g
- ショウガのすりおろし……15g
- ミルクチョコレート……130g
  *刻んで湯煎で溶かし、人肌より温かい40℃くらいにする。

バナナソテー

1　バナナは1cm角に切り、色どめにレモンの搾り汁と合わせておく。

2　熱したフライパンにバターを入れて鍋底に溶かし広げ、グラニュー糖を全体にふり入れ、カラメル色になるまで焦がす。

3　火からおろしてラム酒を加えるとキャラメルがゆるむ。ゆるんだらバナナをすぐに入れてふたたび火にかけ、時々ゆすりながら加熱する（フルーツのキャラメリゼは→P35）。

4　全体に色がまわったら火からおろし、粗熱がとれるまで常温で冷ます。1/3量は飾り用に残し、2/3量はムースに使う。

アーモンドスライスの飾り

5　アーモンドスライス、粉糖、シロップをボウルに入れ、よく混ぜる。

6　天板に樹脂製マットかオーヴンペーパーを敷いてその上に5を薄く広げ、170℃のオーヴンで4分焼く。いったんとり出してゴムベラで全体をよく混ぜ、さらに4分焼く。同じ作業をもう一度くり返し、1分ほど焼く。シロップの水分がとび、さわってもべとつかなくなったらオーヴンからとり出し、常温で冷ます

7　6全体を手でほぐしてから、1枚1枚はがしていく。ふたたびオーヴンに入れて7～8分、アーモンドがきつね色になるまで火を入れる。

チョコレートのムース

8　生クリームAは使う30分以上前にボウルに入れてすくうと角の先がゆっくりと曲がる9分立てに泡立て、冷蔵庫に入れておく。

9　生クリームBとグラニュー糖を鍋に入れて火にかけ、沸騰させる。別のボウルに卵黄を入れてよく溶きほぐし、沸いた生クリームを少しずつ加えながら混ぜる。混ぜ切ったら裏漉す。

10　9を湯煎にかけ、泡立て器で8の字を描くようにリズミカルに混ぜながら加熱する。ボウルの底の部分は固まりやすいのでとくによく混ぜる。

11　もったりして底のあたりが固まりかけてきたらショウガのすりおろしを加えてよく混ぜる。ショウガを入れるとゆるむので、入れる前と同じ固さになるまで再度混ぜながら加熱する。

12　11を湯煎からはずし、低速のハンドミキサーで人肌よりちょっと温かい程度（約40℃）になるまで泡立てる。リボン状に落ちる固さになる（a）。

13　溶かしておいたチョコレートに12を加えて手早く混ぜる。

14　8の生クリームをまわし混ぜてきめを整えて13にひと塊加え、泡立て器でよく混ぜる（b）。

15　14を半量ずつ生クリームにもどし加え、泡立て器でよく混ぜる（c～d）。最後にゴムベラに持ち替え、側面と底をはらって混ぜ残しがないようにする。

16　4の2/3量のバナナソテーをボウルに入れ、15のムース少量を加え混ぜてなじませてから、15のムースにもどしてよく混ぜる（e）。

17　密閉容器に入れて冷蔵庫で冷やし固める。温めた大きなスプーンですくって器に盛りつけ、飾り用のバナナソテーとアーモンドスライスを飾る。

[温度と固さをそろえる]

チョコレートは、生クリームなどほかの冷たいパーツを一気に加えると固形状に固まってしまう。温度と固さを徐々にそろえながら混ぜていくと混ざりやすい。

キルシュの
スフレグラッセ

シャープな味わい
ほかのお酒でもつくれる

プラムのパルフェグラッセ

甘酸っぱい
フルーティなおいしさ

キルシュのスフレグラッセ

材料　80cc容量の容器4個分

キルシュのスフレグラッセ
生クリーム……150g
全卵……60g
グラニュー糖……40g
キルシュ……25g

アメリカンチェリーのソテー
アメリカンチェリー……18粒
＊固めのものを選ぶ。水洗いしてよく水気をふきとる。
バター……6g
グラニュー糖……25g
キルシュ……8g

キルシュのスフレグラッセ
1　生クリームはつくる30分以上前にボウルに入れてすくうと角の先がゆっくりと曲がる9分立てに泡立て、冷蔵庫に入れておく。
2　別のボウルに全卵をほぐしてグラニュー糖を加え、湯煎にかけながら泡立て器で混ぜる(a)。人肌まで温まったら湯煎からはずし、ハンドミキサーで完全に粗熱がとれるまで高速で攪拌する(b)。最後に低速にしてきめを整える。
＊冷ます時は氷水にあてながら作業すると速く冷ますことができる。
3　1の生クリームにキルシュを少しずつ加えては泡立て器でまわし混ぜ、きめを整える(c)。
4　3の生クリームに2を2回に分けて加え、そのつどボウルをまわしながら泡立て器ですくい上げるようにしてよく混ぜる(d)。最後にゴムベラに持ち替え、側面と底をはらって混ぜ残しがないようにする。
5　容器に流し入れて表面を均す。冷凍庫で冷やし固める。

アメリカンチェリーのソテー
6　アメリカンチェリーは包丁を種にあたるまで差し入れてぐるりと一周させてから上下の実を反対方向にひねって半分に割る。種は除く。
7　フライパンを熱してバターを溶かし、グラニュー糖を鍋底に広げるようにふり入れる。すぐにアメリカンチェリーを加え、ヘラで混ぜながらチェリーに透明感が出る程度に軽く火を通す。
8　火をとめてキルシュを加える。バットなどにあけて常温で冷ます。
9　冷凍庫で固めたスフレグラッセをとり出し、ソテーしたチェリーを飾る。

[ほかのお酒でもおいしい]
本来は薬草酒のシャルトルーズでつくっていたもの。酒は好みのものでつくればよい。

a　b　c　d

プラムのパルフェグラッセ

材料　80cc容量のプリンカップ8個分

プラムのソテー
プラム……120g
＊プラムは香りがよく、煮くずれないようにやや固めのものを選ぶ。水洗いし、水気をふく。
バター……5g
グラニュー糖……20g
キルシュ……7g

サバイヨン
卵黄……60g
グラニュー糖……60g
白ワイン……200g
＊100gになるまで煮つめる。

生クリーム……150g

飾り用プラムのソテー
上記プラムのソテーと同様の分量
＊食べる日に同様にソテーする。

プラムのソテー

1. プラムは左頁のアメリカンチェリーと同様にして半分にし、種を除く。皮つきのまま2cm角に切る。
2. フライパンを中火にかけてバターを溶かし、グラニュー糖を鍋底全体に広げるように入れ、1のプラムを加える。木ベラで軽く混ぜながら火を入れ、角がなくなってとろみがついたら火をとめる。
3. 2にキルシュを加え混ぜ、バットにあけて常温になるまで冷ます。

パルフェグラッセ

4. 生クリームはつくる30分以上前にボウルに入れてすくうと角の先がゆっくりと曲がる9分立てに泡立て、冷蔵庫に入れておく。
5. サバイヨンをつくる。ボウルに卵黄を溶きほぐしてグラニュー糖を加えてよくすり混ぜ、半量に煮つめた白ワインを混ぜながら少しずつ加える(a)。
6. 5を湯煎にかけてハンドミキサーで泡立てる(b)。もったりとしてきたら火からおろし、粗熱がとれるまで泡立器でさらに泡立てる(c)。
    ＊冷たい生クリームを混ぜるので、完全に冷ます。
7. 4の生クリームをとり出し、まわし混ぜてきめを整える。ここに6を1/3量ずつ加えては泡立器ですくい上げるようにしてよく混ぜる(d)。
8. 7に3のプラムのソテーを加え、ゴムベラで切るようによく混ぜる(e)。最後にボウルの底と側面をはらい、混ぜ残しがないようにする。
9. 8を大きめのスプーンでプリンカップに入れ、冷凍庫でひと晩以上おいて冷やし固める。
    ＊冷凍で2週間保存可能。
10. 食べる日に1〜3と同様にプラムのソテーをつくり、冷ます。
11. 9をとり出して生地にフォークを刺し、型全体を軽く水につけて型からはずし、器にのせる。10のプラムのソテーを飾る。

フランス人は食材をムダにしない

僕が修業していた頃のフランス人は食材を捨てませんでした。
たとえばクロワッサンが残ったら
アーモンドクリームなどをかけたりしてクロワッサン・オ・ザマンドをつくります。
いわば廃品利用で、ものを祖末にしないのです。
フォン(だし汁)をとるのに余り野菜の切れ端を使うのと同じ感覚。
「もったいない」精神は、昔の日本人といっしょです。
食材を余すところなく使うということが、
フランスで修業していた時に真っ先に印象深く感じ、学んだことでした。
だから僕も店でジュースとして提供するグレープフルーツは
果汁を搾ったら皮は捨てません。
グレープフルーツの皮はコンフィ(砂糖漬け)にします。
とてもさわやかで香りもよく、人気の商品です。

P31で紹介したリンゴの皮のチップも
同じように「捨てない精神」で、
何か飾りに使えないかと試して生まれたものです。
最初にこのチップをつくった時以来、
不思議なのですが、
リンゴの皮を焼くと「シナモン」の香りがするな、
と感じます。
ああ、だからリンゴにシナモンって合うのだ、
そう合点がいったのも、ムダにしないお菓子づくりから学んだことでした。

さて、リンゴのチップの食べ方ですが、
アイスクリームに添えたり、そのままおせんべいのように
食べてみたりしてください。

パンで
お菓子をつくる、
生地を食べる

生地自体を味わうお菓子を、ここでは
とてもシンプルなつくり方でご紹介します。
生地のおいしさは粉の旨みにあります。
よく焼いて旨みを引き出したその生地に、
フルーツの味わいを託し、
またはハーブやスパイスの香りをまとわせて、
少し幸せになれそうなお菓子に仕立てました。
手軽にパンでつくれるものもあります。

フルーティな
パン・ペルデュ（フレンチトースト）

ピュレやフルーツシロップを加えてつくる

カシス風味

オレンジ風味

香りラスク

余ったバゲットを
香りバターでおいしく

シトロン　　　　パン・デピス　　　　ローズマリー

フルーティなパン・ペルデュ（フレンチトースト）

材料　各7枚分

バゲット（2cm厚さの斜め切り）……各7枚

マリネ液
・オレンジ風味　7枚分
全卵……60g
グラニュー糖……25g
牛乳……30cc
オレンジの表皮のすりおろし……1/2個分
オレンジの搾り汁……60g

・カシス風味　7枚分
全卵……60g
グラニュー糖……25g
牛乳……30cc
冷凍カシスのシロップ煮（→P19）のシロップ
……60g

飾り用
冷凍カシスのシロップ煮の実
……2〜3粒／1枚

ソテー用（1回分）
バター……15g
グラニュー糖……15g

オレンジ風味のマリネ液
1　全卵をボウルに入れ、泡立器ですくうようにしてコシを切ってからよく溶きほぐし、グラニュー糖を加えてすり混ぜ、砂糖を溶かす。
2　1に牛乳を加えてよく混ぜ(a)、オレンジの表皮のすりおろし、オレンジの搾り汁を順に加えてさらによく混ぜる(b)。
3　2をバットに移し、パンを並べる。並べ終わったら何回かひっくり返してまんべんなくマリネ液をパンにしみ込ませる(c)。

カシス風味のマリネ液
4　1〜2を参照し、2で牛乳のあとに冷凍カシスのシロップ煮のシロップを加えてマリネ液をつくり、3の要領でパンを浸す。

ソテー
5　フライパンを火にかけてバターを入れて溶かし、マリネ液に浸したパンを並べる。ひっくり返して両面に焼き目がつくまで火を通してから、グラニュー糖を表面にふって(d)ひっくり返して焼く。
6　キャラメリゼされてカリッとしたらとり出して盛る。カシス風味にはカシスのシロップ煮を飾る。

a　b　c　d

香りバターとラスク

材料　各14枚分

バゲット(1cm厚さの斜め切り)……各14枚

香りバター
・シトロン味　バゲット14枚分
バター(常温にもどす)……18g
グラニュー糖……24g
レモンの表皮のすりおろし……1/2個分
レモンの搾り汁……5g

・ローズマリー風味　バゲット14枚分
バター(常温にもどす)……18g
グラニュー糖……24g
ローズマリーパウダー……小さじ1/2

・パン・デピス味　バゲット14枚分
バター(常温にもどす)……18g
グラニュー糖……24g
パン・デピス(→P75)……小さじ1/2

香りバター
1　バターをクリーム状に混ぜてからグラニュー糖を加えてすり混ぜ、それぞれ残りの材料を加えて混ぜる。

塗って焼く
2　1の香りバターをバゲットに塗り広げ、180℃のオーヴンで表面がカリッとするまで焼く。オーヴントースターで焼いてもよい。

ラスクといっしょに

ラスクはビスキュイやウエハースと同じ感覚で
食べられます。
この本で紹介したのはレモンの酸味のあるものや
ハーブやスパイスの香りのするものです。
アイスクリームに添えたり、これをサンドしたり。
クリームを何層にもサンドして、ミルフィーユ仕立てにもできます。
ジャムを混ぜたヨーグルトにディップして食べてもいいでしょう。
ラスクに合う食べ方を見つけましょう。

いつものパンが楽しいお菓子に

身近なパンでも手軽にお菓子をつくることができます。
ディプロマット（パンプディング→P82）にはブリオッシュの余り生地など
リッチな生地の方が合いますし、
パン・ペルデュ（フレンチトースト）やラスクなどには、
食感があるバゲットがおいしいと思います。
とくにパン・ペルデュは、目の詰まった食パンではなくて、
気泡が粗いバゲットの方がマリネ液がよくしみ込みます。
また、バゲットは材料が小麦粉、塩、水、イーストだけなので
マリネ液の味もはっきりすると思います。
いつもの牛乳と卵の液につけるフレンチトーストではなく
美しい色のフルーツの搾り汁やシロップを加えた液でつくりました。

ラスクは、砂糖とバターだけではなくて
香りのいいハーブやスパイス、果汁を加えてつくりました。
「シトロン（レモン）」のようにメリハリが出る風味のものを加えると
ぐんとおいしくなるはずです。
この香りラスクにアイスクリームや何かのクリームを添えれば、
お客様にも出せそうです。
たかがフレンチトースト、たかがラスクも
いい香りときれいな色で、楽しくうきうきする1品へと変わります。

焼き方で食感が変わる
ダッコワーズ3種

ココナッツのダッコワーズ

イチゴのダッコワーズ

ダッコワーズ・カフェ

ココナッツのダッコワーズ

表面はカリッ、中はねっちり

材料 直径12cm、高さ2cmのセルクル4台分

卵白……125g
グラニュー糖……55g

粉類（合わせて粗めの漉し器でふるう）
粉糖……45g
アーモンドパウダー……40g
ココナッツパウダー……40g
薄力粉……8g

ココナッツロング……適量
＊8mm～1cmの長さにフードプロセッサーで砕いておく。
粉糖……適量

ココナッツ生地

1 ミキサーに卵白とごく少量のグラニュー糖を入れて中高速で泡立てていく。

2 粗い泡で全体がおおわれたら残りのグラニュー糖の1/3量を入れる。泡が細かくなってきたら残りの半量を、つやが出てきたら残りすべてを入れ、角がしっかり立つまで泡立てる（a）。

3 2のメレンゲをボウルに移す。粉類を加えながらボウルをまわしつつゴムベラですくい上げては手首を返して混ぜる（b）。
＊気泡をつぶさないように混ぜる。

4 完全に混ざったら3を口径1.3cmの丸口金をつけた絞り袋に入れる。樹脂製マットかオーヴンペーパーを敷いた天板に水でぬらした12cmのセルクルを置き（c）、ここに3を渦巻き状に絞る。空気を抜くようにパレットナイフで均してはセルクルを外す（d）。同じ作業をくり返して個数分をつくる。
＊水にぬらすことで生地を絞ったあとにすっと型が抜ける。

5 すぐにココナッツロングを全体にたっぷりふり、天板ごと傾けて余分なココナッツロングを除く。全体に粉糖を2度ふりかけ（e）、155℃のオーヴンで25分焼く。
＊粉糖は、1度めが少し湿ってきたら次をふる。

a b c d e

イチゴのダッコワーズ

イチゴの風味と
プチプチの酸っぱさ

材料　長径6cm×短径4cm、
　　　高さ1cmのシャブロン型18個分

卵白……120g
グラニュー糖……65g
赤の液体色素……8滴
＊なければ粉末の食用色素を少量の水で溶く。

粉類（粉糖～薄力粉を合わせてふるい、フリーズ
　　　ドライのストロベリーを加えて混ぜる）
粉糖……60g
アーモンドパウダー……50g
ココナッツパウダー……50g
薄力粉……8g
フリーズドライストロベリー
（包丁で5mm大に刻む）……10g

アーモンドダイス……適量
粉糖……適量

イチゴ生地

1　ココナッツのダッコワーズの1〜3を参照して生地をつくる（→P57）。赤の色素は2で最後のグラニュー糖を加えたあとに卵白に加えて使う。
2　完全に混ざったら、樹脂製マットかオーヴンペーパーを敷いた天板に、水でぬらして軽く水気を切ったシャブロン型を置き、生地を三角パレットで型のくぼみにすり込むようにのばし、シャブロン型をはずす。
3　ココナッツのダッコワーズの5を参照して2にアーモンドダイスをふり、全体に粉糖を2度ふりかけ、155℃のオーヴンで17分焼成する。

ダッコワーズ・カフェ

スティック状にして
クッキーのようにサクッと

材料　66本分

卵白……120g
グラニュー糖……55g

粉類（合わせてふるう）
粉糖……40g
アーモンドパウダー……50g
ヘーゼルナッツパウダー……25g
薄力粉……8g
インスタントコーヒー……6g

ヘーゼルナッツダイス……150gほど
粉糖……適量

コーヒー生地

1　ココナッツのダッコワーズの1〜3を参照して生地をつくる。
2　1を口径1.7cmの丸口金をつけた絞り袋に入れ、樹脂製マットかオーヴンペーパーを敷いた天板に7〜8cmの長さに絞る。
3　絞り終わったらすぐに、ココナッツのダッコワーズの5を参照してヘーゼルナッツダイスをふり、全体に粉糖を2度ふりかける。155℃のオーヴンで18分焼成する。

ダッコワーズに
バタークリームをはさんで

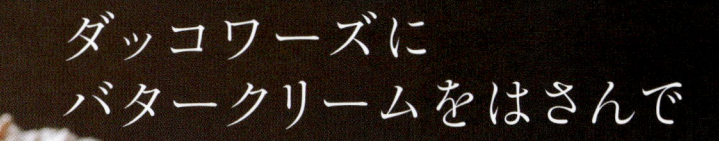

ダッコワーズ・ココアブリコ

ダッコワーズ・フレーズ

ダッコワーズ・ココアブリコ   アプリコットの香りがよい

材料　直径12cm、
　　　高さ2cmのセルクル2台分

ココナッツのダッコワーズ（→P57）
……直径12cm 4枚
＊焼いておく。

アプリコットのクリーム
ドライアプリコット（ホール）
……40g
アプリコットリキュール……80g
バター（常温にもどす）……80g
粉糖……30g

ガルニチュール（サンド用）
ドライアプリコット
（5mm角に刻む）……55g
ココナッツリキュール……15g
黒コショウ（細かく挽く）
……小さじ1/4

飾り用
粉糖……適量
ドライアプリコット（ホール）
……4個

1　ドライアプリコットは、使用するそれぞれのリキュールに浸け、ガルニチュール用にはコショウも加え混ぜて(a)常温に1日おく。

アプリコットのクリーム
2　浸けておいたクリーム用のアプリコットと浸けたリキュールのうちまず少量をフードプロセッサーにかける。細かくなったら残りのリキュールの半量程度を、ようすを見ながら少しずつ加えてまわし(b)、ゆるいペースト状にする。
3　ボウルに常温にもどしておいたバターを入れ、白っぽくなるまでハンドミキサーの中速で攪拌する。クリーム状になったら粉糖も加えてさらに泡立てる。
4　3が白っぽくなったら、2のアプリコットのペーストを1/2量ずつ加える(c)。完全に混ざったら次を加えるようにする。

組立て
5　ココナッツのダッコワーズ生地を焼き目を下にして置く。うち2枚（下側）に、4のクリームを口径1cmの丸口金をつけた絞り袋で涙形に周囲に絞り、その内側に渦巻き状に薄く絞る。その上にガルニチュールのアプリコットを1台あたり35gずつスプーンでのせて平らにする。アプリコットの上に、蓋をするようにさらに渦巻き状に絞る(d)。
6　上用の残りの生地を5の生地にのせてクリームをはさみ、軽く押さえる。
7　6の上面に定規をあて、粉糖をふる。飾り用のアプリコットを残ったクリームで接着してトッピングにする。

a　b　c　d

ダッコワーズ・フレーズ

キルシュでおいしくなる
イチゴジャムを加えて

材料　9個分

イチゴのダッコワーズ（→P58）……18枚
＊焼いておく。

イチゴのクリーム
イチゴピュレ（冷凍）……25g
バター（常温にもどす）……95g
粉糖……15g
キルシュ……14g

ガルニチュール（サンド用）
市販のイチゴジャム……60g
キルシュ……6g

ガルニチュール
1　市販のイチゴジャムとキルシュをよく混ぜておく。
＊いまひとつの市販のイチゴジャムでも、キルシュで味がぐんとよくなる。

イチゴのクリーム
2　クリーム用のイチゴピュレは電磁調理器か電子レンジで解凍する。溶ければよい。
3　左頁アプリコットのクリームの3と同様にバターと粉糖を白っぽくなるまで泡立てる。
4　2のピュレにキルシュを加えて混ぜ、1/3量ずつを3に加えては混ぜる。イチゴのピュレがバターにきれいに乳化したら次を入れるようにする。

組立て
5　焼き目を下にしてイチゴのダッコワーズ生地を並べる。4のクリームを口径5mmの丸口金をつけた絞り袋に入れ、生地の半量に縁から2〜3mm内側に渦巻き状に絞る。さらにその上に縁に沿って1周絞って土手をつくり、中央にくぼみをつくる。くぼみに小さじ1のイチゴジャムをのせる。
6　残りの生地には5のクリームの土手よりも少し内側にクリームを渦巻き状に絞り（a）、5にのせてはさむ。

チュイル2種

アーモンドと
スパイスのチュイル

ココナッツのチュイル

チュイルは2度焼きして芯まで火を入れる

チュイルを2度焼きすることは
パリの「ペルチエ」で教わりました。
生地がふくらんできて、まだ真っ白い状態でいったんとり出し、
1度粗熱を完全にとってから、再度イチから加熱することで
ムラなく火を入れることができ、
芯まで均一に焼けて、とても香ばしくなります。
粉にしっかり火が入ることがきれいであり、おいしくなるコツなのです。
スイスやフランスではいろいろなお店に入って仕事をしましたし、
さまざまなお店を見てまわっていますが、チュイルは
だいたいが真ん中だけ白っぽく、縁が焼きすぎて黒っぽかった。

ムッシュ・ペルチエは
どうやったらきれいに焼けるかを考えたのでしょうね。
そして2度焼きの方法に行き着いた。
2度焼きすると、よく火が通っているせいか、
劣化も遅いような気がします。

ココナッツのチュイル

南の島のトロピカルな味と香ばしさ

材料　35枚
＊2mm厚さのビニールシート（塩化ビニル製）を直径6〜7cmの円形にくりぬいた型を用意する。

全卵……80g
グラニュー糖……100g
ココナッツファイン……100g
溶かしバター……10g
＊電子レンジでさっと溶かす。

1　全卵をボウルに入れて泡立て器で溶きほぐし、グラニュー糖を加える。電磁調理器にかけるか湯煎に少しあてて、砂糖が完全に溶けるまであまり泡立てないようにして混ぜる(a)。
2　1をココナッツファインに加え、ゴムベラでよく混ぜる(b)。ムラなく混ざったら溶かしバターを加え、さらによく混ぜる。ラップ紙をかぶせて3〜4時間常温で休ませる。
3　樹脂製マットかオーヴンペーパーを敷いた天板の上に水にくぐらせて水気を軽く切った型をのせ、2の生地を大きめの口金で適量絞る（またはスプーンで入れる）。フォークの先端を軽く水でぬらし、生地をたたくようにして平らに均す(c)。
4　型をはずし、160℃のオーヴンで4分焼き、とり出して冷ます(d)。
　＊生地が白っぽく焼けて入ればよい。
5　4が完全に冷めたら、ふたたび160℃のオーヴンにもどして10分焼成する。
6　5をオーヴンから出したら直ぐに三角パレットなどで生地をすくいとり、トヨ型（半円筒状の型）にのせる(e)。冷めて固まったら、型からはずす。
　＊トヨ型がない場合はラップ紙の芯の上に焼き目を上にしてのせてつくる。

a　b　c　d　e

アーモンドと スパイスのチュイル

ピリっと香るエキゾチックな味わい

材料　40枚分
＊左頁と同じ6〜7cmにくりぬいた型を使用

アーモンドスライス……100g

粉類(薄力粉はふるい、すべての材料をよく混ぜておく)
薄力粉……30g
クミンシード(ホール)……小さじ2
ナツメグ(ホール)……1/10個分
＊おろし金でする。
シナモンパウダー……小さじ1/2
アニスパウダー……小さじ1/2

全卵……30g
卵白……60g
グラニュー糖……100g

溶かしバター……10g

1　アーモンドスライスと粉類を合わせ、ゴムベラでからめるように混ぜる。
2　全卵と卵白をボウルに合わせて泡立器で溶き、ココナッツのチュイルの1と同様にグラニュー糖を加えて少し温め、泡立てないように混ぜる。
3　同2〜3を参照してココナッツファインを1の粉類に代えて生地をつくり、型に入れる。
4　同4〜6を参照して2度焼きし、焼けたらトヨ型に入れて湾曲させる。

[型がない時は……]
ビニールシートの型がない場合は、スプーンで生地を等分に落として同じように水でぬらしたフォークの先でたたいて均せばよい。ただし、厚さは2mmに。厚くなると火の通りが変わって焼き上がりが異なってくるうえ、味も重たくなる。
この薄さだからカリッとした食感と粉の風味が生まれる。

モンブラン・マ・ファソン　私流モンブラン

材料　8個分

生地
ダッコワーズ・カフェ（→P58）……半量
黒コショウ入りクロタン・ココ（→P86）
……半量

マロン・クリーム
パート・ド・マロン（マロンペースト）
……180g
バター（常温にもどす）……90g
ラム酒……60g
生クリーム……65g

クレーム・シャンティイ
生クリーム……200g
グラニュー糖……15g

ガルニチュール
冷凍カシスのシロップ煮（→P19）
……5粒/1個

飾り
マロン・デブリ
……6mm角にカットして3粒/1個
＊マロングラッセのブロークン状のもの。
冷凍カシスのシロップ煮……3粒/1個

生地
1　ダッコワーズ・カフェの生地をつくり、口径1cmの丸口金をつけた絞り袋で9.5cm長さに16本絞る。ヘーゼルナッツダイスをふってから粉糖を2度ふり、155℃のオーヴンで18分焼いて冷ましておく（→P58）。
2　クロタン・ココの生地をつくり（→P86・1～4）、樹脂製マットかオーヴンペーパーを敷いた天板に口径8mmの丸口金で9.5cm長さに3本ずつ並べて絞ったものを8個つくる。105℃のオーヴンで120分焼いて粗熱をとる。

クリームと組立て
3　マロン・クリームをつくる。パート・ド・マロンをつぶしてほぐす（手で揉んでもよい）。室温にもどしておいたバターと合わせて(a)ハンドミキサーで攪拌する。ラム酒を沸かして1～2回に分けて加えては混ぜる(b)。
4　生クリームをボウルに入れ、ハンドミキサーですくうと角の先がすぐに曲がる8分立てに泡立てる。これを3に加えて色が均一になるまでさらに泡立てる。
5　クレーム・シャンティイをつくる。材料をボウルに合わせ、すくうと角がゆっくりと曲がる9分立てに泡立て、冷蔵庫に入れておく。
6　クロタン・ココの生地を焼き目を上にして置き、マロン・クリームを幅1.7cmの平口金をつけた絞り袋で2本横並びに絞る(c)。
7　カシスのシロップ煮を5粒のせて、上にさらにマロン・クリームを1本絞ってからダッコワーズ・カフェを焼き目を下にして2本ずつのせる(d)。
8　マロン・クリームをサントノレ口金をつけた絞り袋でうねうねと絞る。
9　クレーム・シャンティイをまわし混ぜてきめを整えから、マロン・クリームの隣に同様にサントノレ口金で絞る(e)。カシスのシロップ煮とマロン・デブリを飾る。

a　b　c　d　e

タルトのおいしさは粉の旨み

タルトのおいしさは生地をしっかり焼くことに尽きます。
とはいえ、最近はフランスでも十分に同じ色に焼けていない店が
多くなってきています。とても残念です。
タルトは生地にムラなくしっかりと火を入れることで
粉くささがなくなり、「粉の旨み」が出てきます。
粉自体のおいしさが、タルトのおいしさです。
いくらガルニチュール（中身）のフルーツや
クリームがおいしかったとしても、
生地の旨みがなければ意味がないと思います。
ですからまんべんなくしっかりと色が着くまで
じっくりしっかり焼いてください。

タルトは、おいしい「器」でもあります。
詰めものをして焼く以外に空焼きし、冒頭の頁で紹介した
フルーツのマリネやクリームなどを入れるだけでもおいしく食べられます。
つくり方はいたってシンプル。
順番に材料をフードプロセッサーで混ぜるだけです。

パート・シュクレ

フードプロセッサーで混ぜるだけ

材料 でき上がり700g、直径14cmの
タルトリング5〜6台分

バター（常温にもどす）……180g
粉糖……120g
全卵……60g
アーモンドパウダー……40g
薄力粉（ふるう）……300g

生地

1. バターをフードプロセッサーに入れて軽くまわし、クリーム状になったら粉糖を加えて撹拌する。以下同じ要領で加えて混ぜていく。時々容器側面をゴムベラではらってきれいに混ざるようにする。
2. 全卵は少しずつ加えてはまわす。クリーム状に混ざったら次を入れる（a）。
3. 次にアーモンドパウダーを加えて同様にまわし、最後に薄力粉を入れたらショートスイッチでまわす。
   *小麦タンパクが水分と結合すると粘りと弾力のある網目状組織「グルテン」ができる。混ぜすぎるとグルテンが増えて焼いた時に食感が悪くなるので、小麦粉は最後に入れ、ショートスイッチで混ぜすぎないようにする。
4. 厚手のビニール袋に入れ、均一に冷えるように麺棒などで平らに均して空気をなるべく除き、冷蔵庫に入れて半日休ませる（b）。

型への敷き込み

5. 生地を使う分だけとり出し、全体が均一の固さになるまで手で揉みほぐし、麺棒で3mm厚さにのばす。
6. 使用型よりひとまわり大きい型または器でぬき、型にゆったりとのせる。生地をたるませながら型の内側に徐々に落とし込む。
7. 両方の親指で生地を型の底角に押しつけるようにして型に密着させる（c）。生地の上に麺棒を転がして余分な生地をカットし、とり除く（d）。冷蔵庫で少し休ませる。
8. 7をとり出し、さらに生地を型に押しつけるように密着させる。型の上部にはみ出た生地をナイフなどでカットする（e）。
   *休ませずに焼いてしまうと縮むので、4と7で生地を休ませて弾力をゆるませる。

[生地は冷凍が可能]
分量はじょうずにつくれる最小分量。これをつくって5で小分けした状態か型に敷き込んでから冷凍しておけば、1ヵ月は使える。

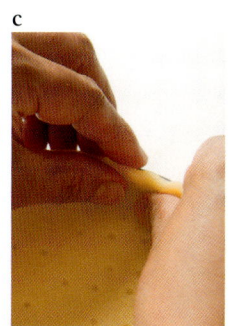

a b c d e

アプリコットのタルト ローズマリー風味

ドライアプリコットを
フレッシュのように食べるタルト

材料　直径16cmタルトリング3台分

パート・シュクレ（→P69）……半量

ガルニチュール（1台あたりの分量）
ドライアプリコット（ホール）
……20個／1台
＊うち2個は飾り用に使う。
熱めのぬるま湯（50～60℃）
……150cc
ローズマリー（生）
……3cm長さ1本／1台

簡単カスタードクリーム
牛乳……100g
ヴァニラビーンズ……さや1/10本分
卵黄……20g
グラニュー糖……25g
薄力粉……5g
コーンスターチ……5g

クレーム・フランジパンヌ
バター（常温にもどす）……70g
粉糖……70g
全卵……70g
アーモンドパウダー……70g
カスタードクリーム（上記）……全量
ローズマリーパウダー
……小さじ1/2／1台

飾り
アーモドダイス（大きめ）……適量

準備
1　ガルニチュール用のドライアプリコットはボウルに入れ、ぬるま湯とローズマリーを加えて半日常温におく。
＊こうしてもどすとフレッシュのようにおいしくなる。ローズマリーは飾り用にも使う。
2　パート・シュクレはつくって型に敷き込んでおく（→P69）。

簡単カスタードクリーム
3　鍋に牛乳を入れる。ヴァニラをタテ半分に切ってさやから種だけをこそげて牛乳に加え、火にかける。
4　ボウルに卵黄を入れて泡立器で溶き、グラニュー糖を加えて白っぽくなるまで混ぜる。
5　合わせてふるった薄力粉とコーンスターチを4に入れて泡立器で軽く混ぜる。ここに温めた3を少量入れて混ぜ（a）、裏漉す。
6　3の牛乳の残りを泡が盛り上がるまで沸騰させ、混ぜながら5を一気に加える（b）。写真のようにペースト状になるまで手早く混ぜ続ける（c）。
＊粉に一気に火を入れる杉野流カスタードクリーム。
7　バットに6を手早くあけて薄く広げ、ラップ紙を密着させ（d）、冷ます。粗熱がとれたら冷蔵庫に入れる。

クレーム・フランジパンヌ
8　クレーム・ダマンド（アーモンドクリーム）をつくる。バター、粉糖、全卵、アーモンドパウダーを順にフードプロセッサーに入れては攪拌する。最後にバターの塊がないかを確認する。
＊時々とめて側面をゴムベラではらいながら混ぜる。
9　7のカスタードクリームをボウルにとって泡立器でクリーム状になるように混ぜもどす。これを8のクレーム・ダマンドに加えてよく混ぜる。ボウルに移して1台分150gに対してローズマリーパウダー小さじ1/2を加え混ぜる。

組立て
10　9のクレーム・フランジパンヌを大きめの丸口金をつけた絞り袋に入れ、2の生地に渦巻き状に絞る。1台に150gほど絞る。
11　汁気を適度に切った1のアプリコット18個ずつを並べ（e）、アーモンドダイスをふる。170℃のオーヴンで40分焼く。残りのアプリコットとローズマリーを飾る。
＊アプリコットはアーモンドがよく貼りつくように汁を切りすぎないようにする。

［クリームも余ったら冷凍］
カスタードクリームは冷凍できないが、クレーム・フランジパンヌは冷凍可能。余ったらビニール袋に入れて空気を除き、冷凍する。使う時は冷蔵庫に入れて自然解凍する。また、10の状態でも冷凍でき、その場合は冷凍のままトッピングをしてそのまま焼く。

a　b　c　d　e

パイナップルのマリネ入り タルトレット

フレッシュフルーツを盛って

マロンのクラフティ パン・デピス風味

混ぜものを詰めて焼く

パイナップルのマリネ入りタルトレット

材料 9.7×4.4cm、
　　　　高さ1.2cmのフィナンシェ型4個分

パート・シュクレ（→P69）……100g

パイナップルとライムのマリネ
パイナップル（1cmの角切り）……200g
ライムの表皮のすりおろし……1/2個分
グラニュー糖……8g
キルシュ……10g
ライムの搾り汁……10g

フロマージュ・ブランのクリーム
フロマージュ・ブラン……20g
生クリーム……8g
グラニュー糖……5g

1　パイナップルとライムのマリネはP15を参照してつくっておく。
2　生地はP69と同じ要領で麺棒でのばして型に敷き込み、170℃のオーヴンで約15分空焼きする。型からはずし、冷ましておく。
3　フロマージュ・ブランのクリームは材料をすべて合わせて泡立て器ですり混ぜ、砂糖を溶かす。
4　食べる直前に2の生地に3をスプーンで入れて均す。ここに1のパイナップルのマリネをこんもりと盛る。

マロンのクラフティ、パン・デピス風味

材料　直径14cmのタルトリング1台分

パート・シュクレ（→P69）……120g

アパレイユ（詰めもの）
卵黄……20g
グラニュー糖……25g
牛乳……40g
生クリーム……40g

粉類（合わせてふるう）
薄力粉……6g
ココアパウダー……5g
パン・デピス……小さじ1/3
＊シナモン、クローブ、コリアンダー、スターアニス、ジンジャーを混ぜたケーキ用ミックススパイス。

ガルニチュール
栗の渋皮煮……11粒
＊市販品。ペーパータオルに並べてシロップを切っておく。

タルト生地
1　生地をのばして天板の上で型に敷き込む（→P69）。
2　タルト用重石を1に入れて生地が浮かないようにし、170℃で約20分焼いて空焼きする。薄い焼き色がつけばよい。

アパレイユ
3　卵黄をボウルに入れて泡立て器で溶きほぐし、グラニュー糖を加えてすり混ぜる。牛乳と生クリームを合わせて加え、同様によく混ぜる。
4　合わせてふるった粉類を小さなボウルに入れ、3を少量加えてダマがなくなるまで泡立器でよく混ぜてから3にもどし、よくまわし混ぜて裏漉す。
＊気泡が入ると焼いた時に膨張するので、泡立てないように混ぜる。
5　空焼きしたタルト生地に栗の渋皮煮を平らな面を下にして並べていく。
6　5にアパレイユをタルト生地の縁ぎりぎりまで静かに流す。アパレイユは少し余る。
7　175℃のオーヴンで約40分焼く。途中生地が少し沈んだら(10〜15分後)、余ったアパレイユを加えて、さらに焼く。
＊焼くと中央がへこむので、2度に分けて入れる。
8　焼き上がったら粗熱をとり、冷めてから型からはずす。

フランボワーズのケーク   ベリーの香りたっぷり

オレンジのケーク さわやかな柑橘系の味わい
ミントのケーク ミントとイチゴのマリアージュ

ミントのケーク　　　　　　　　　　オレンジのケーク

基本のケークのつくり方　　フードプロセッサーで混ぜるだけ

材料　実際の分量は各レシピを見てください。

バター(常温にもどす)
粉糖
全卵
アーモンドパウダー
薄力粉
ベーキングパウダー
＊薄力粉とベーキングパウダーは合わせてふるう。

1　常温にもどしたバターと粉糖をフードプロセッサーに入れて撹拌する。
2　次に全卵を3回に分けて加えていく。クリーム状によく混ざったことを確認してから次を入れるようにする。
3　アーモンドパウダーを加えてさらに撹拌する。時々とめて側面についた生地をはらう。
4　最後に合わせてふるった薄力粉とベーキングパウダーを加えて、粉が見えなくなるまで撹拌する。
　＊混ざればよい。混ぜすぎるとグルテンが出たり(→P69・3)、空気が入ったりして食感が悪くなる。

フランボワーズのケーク

材料　4.5×12cm、高さ5cmのパウンド型3台分
＊型は常温にもどしたバター(分量外)を薄く塗って冷蔵庫に入れておく。

ケーク生地
バター(常温にもどす)……75g
粉糖……115g
全卵……130g
フランボワーズのピュレ(冷凍)……70g
＊解凍する(→P61・2)。
アーモンドパウダー……75g
薄力粉……70g
ベーキングパウダー……小さじ3/4

ガルニチュール
ドライクランベリー……20g
ドライサワーチェリー……20g

仕上げ用
ライチリキュール……13g／1台
ピーチリキュール……13g／1台
フランボワーズのジャム……20g／1台
ドライクランベリー……15g／1台
ドライサワーチェリー……20g／1台
＊飾り用は形のきれいなものを選ぶ。

1　基本どおりにフードプロセッサーで生地をつくる。フランボワーズのピュレは全卵のあとに加え、同様に撹拌する。
2　1をボウルに移し、ガルニチュール用のドライフルーツを加えてゴムベラでよく混ぜ、型に190gずつ入れる。下に型ごと打ちつけて表面を平らにする。
3　2を天板にのせ、170℃のオーヴンで8分焼き、そのあと165℃にして40分焼く。途中焦げそうになるようなら、樹脂製マットかアルミ箔などをのせて焼き、火のあたりを和らげる。
　＊最初に温度を上げるのは生地を浮かせるため。
4　焼けたら型からすぐにはずし、アミの上で冷ましておく。

仕上げ
5　4に2種類のリキュールを混ぜたものをハケで塗って、全体にしみ込ませる。
6　手鍋にフランボワーズのジャムを入れて沸騰させ、ハケで5の表面に塗ってつやを出し、ドライフルーツの接着剤代わりにする。
7　6が乾かないうちに飾り用のドライフルーツを貼りつけ、上面をおおうように敷きつめる。

オレンジのケーク

材料 口径5.5cm、
　　　高さ2cmのポンポネット型20個分
＊型は常温にもどしたバター（分量外）を
　薄く塗って冷蔵庫に入れておく。

ケーク生地
バター（常温にもどす）……125g
粉糖……195g
全卵……225g
アーモンドパウダー……125g
薄力粉……90g
ベーキングパウダー……小さじ1

オレンジピール……75g
＊フードプロセッサーで2〜3mm大に刻む。
アーモンドダイス（細かめ）……適量
粉糖……適量

仕上げ用
オレンジリキュール……3g／1個
＊マンダリン・ナポレオンを使用。

1　基本どおりにフードプロセッサーで生地をつくり、ボウルに移す。
2　オレンジピールを入れたボウルに1の生地を少量加えて(a)ゴムベラですりつぶすようによく混ぜ、1にもどして全体を同様に混ぜ合わせる。
　＊オレンジピールではなく、レモン、キンカン、グレープフルーツなどの砂糖漬けでもつくれる。
3　2を口径1.3cmの丸口金をつけた絞り袋に入れ、天板にのせた型にためるようにこんもりと絞り入れる(b)。
4　3にアーモンドダイスをたっぷりとふって斜めに天板を傾けて余分なアーモンドを除き、粉糖を2度ムラなくふる(c)。少し湿ってきたら次をふるようにする。最後に型の縁をぬぐってきれいにする。
　＊粉糖がカバーの役割を果たし、火の入りがおだやかになる。
5　180℃のオーブンで10分焼いて一度とり出し、周りを手で押さえて形を整えて（そのままだと生地がはみ出すので）、170℃に下げてさらに8分焼く。
6　焼き上がったらすぐに型からとり出し、アミの上にのせて粗熱をとる。粉糖をふっていない下の部分のみを、ボウルに入れたオレンジリキュールに浸してすぐ引き上げ、器に盛る。

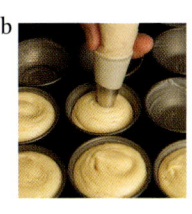

a　b　c

ミントのケーク

材料 口径6.5cmのサヴァラン型9個分
＊型は常温にもどしたバターを薄く塗っ
　てアーモンドダイス（ともに分量外）を
　ふって貼りつけ、冷蔵庫に入れておく。

ケーク生地
バター（常温にもどす）……65g
粉糖……105g
全卵……120g
アーモンドパウダー……65g
薄力粉……50g
ベーキングパウダー……小さじ1/2

ミントの葉……4g
オリーヴオイル……8g

仕上げ用
ミントリキュール……45g
イチゴジャム……40g

1　ミントの葉はオリーヴオイルを和えてしんなりするまで10〜15分おいておき(d)、包丁で4〜5mm大に粗く刻む。
2　基本どおりにフードプロセッサーで生地をつくり、ボウルに移す。1を加えてゴムベラでよく混ぜる。
3　2を口径1.3cmの丸口金をつけた絞り袋に入れ、天板にのせた型に絞る。型ごと下に打ちつけて生地を均し、165℃のオーブンで約30分焼く。焼き上がったらすぐに型からはずし、アミにのせて粗熱をとる。
4　ミントリキュールを小さなボウルに入れ、3をくぐらせてくぼみのある側を上にしてアミに並べる。1個あたり約5gのリキュールを使う。中央のくぼみに口径5mmの口金でイチゴのジャムを4〜5gずつ絞る。

d

ディプロマット（パンプディング）

ドライフルーツとビスキュイ
またはパンでつくるプリン

ラムレーズン入りのコーヒーのフラン

インスタントコーヒーでできるおやつ

ディプロマット（パンプディング）

材料　80cc容量のプリンカップ10個分
＊型は常温にもどしたバターを薄く塗ってグラニュー糖をふってくまなくまぶし（ともに分量外）、冷蔵庫に入れておく。

ドライフルーツのマリネ
プルーン……12g
アプリコット……12g
パイナップル……12g
マンゴー……3g
カシス……5g
クランベリー……8g
グリーンレーズン……10g
キルシュ……10g

市販のビスキュイかブリオッシュ……適量
＊1.7cm角に切る。ブリオッシュはお菓子屋さんで売っていることもある。

アパレイユ（生地）
牛乳……435g
ヴァニラビーンズ……さや1/2本分
全卵……260g
グラニュー糖……105g

1　ドライフルーツのうちプルーン、アプリコット、パイナップル、マンゴーは2～3mm幅にカットする。すべてのドライフルーツをキルシュに漬け込み、2～3日常温におく。1～2日めは時々混ぜる。
＊酒が勝ってフルーツの味が目立たなくなるので、これ以上長くは漬けない。

2　用意した型にドライフルーツを1個ずつ入れる(a)。キューブ状にカットしたビスキュイを4～5切れずつ入れる。

3　アパレイユをつくる。牛乳を鍋に入れ、ヴァニラのさやをナイフでタテに割ってこそげた種だけを加えて50～60℃に温める。全卵をボウルに入れて泡立器でよくほぐし、グラニュー糖、温めた牛乳の順に入れて混ぜる。

4　3を2のプリンカップに流し分け、バットに並べる。バットに型の半分くらいの深さまでぬるま湯を張り、125℃で30分湯煎焼きにする。焼けたらバットからはずして粗熱をとる。

5　まず生地周囲を型縁に沿ってぐるりと指で押してから皿をかぶせてひっくり返し、手で押さえながら下にふって型からはずして器に盛る。

［使うパンはリッチなものを］
ビスキュイ、ブリオッシュなど、使う生地はリッチな方がおいしくなる。

ラムレーズン入りのコーヒーのフラン

材料 口径10cm、
高さ2.5cmのミラソン型3台分

パート・シュクレ（→P69）……200g

アパレイユ
牛乳……200g
インスタントコーヒー……6g
グラニュー糖……60g
全卵……30g
卵黄……20g
薄力粉（ふるう）……20g
ラムレーズン……30g＋飾り用20g
＊自分でつくる場合はレーズンを熱湯に浸して2～3回混ぜて汚れをとって柔らかくし、ざるにあける。ビンに水気を切ったレーズンとレーズンの1/3量のラム酒を入れて、時々ビンごとひっくり返して3～4日おく。

1 パート・シュクレをつくって型に敷き込み（→P69）、タルト用の重石を入れて浮かないようにし、170℃で約20分きつね色になるまでしっかりと空焼きする。

2 アパレイユをつくる。牛乳を鍋に入れ、インスタントコーヒーと半量のグラニュー糖を加えて火にかけて温める。

3 ボウルに卵を合わせて泡立器でほぐし、残りのグラニュー糖を加えてすり混ぜ、最後に薄力粉を加えてさっくりと混ぜる。

4 3に2の少量を加え混ぜ、裏漉しする。これを2の鍋にもどして火にかけ、混ぜながら加熱する。フツフツといってきたら火をとめ、ラムレーズン30gを加える。

5 1のタルト生地に4のアパレイユを熱いうちに流し、飾り用のレーズンをのせてから押さえる。170℃のオーブンで約15分焼く。焼けたらアミの上で粗熱をとり、冷めてから型からはずす。

クレーム・ブリュレ・オランジュ

いつもの味を
オレンジ風味にして

黒コショウ入り
クロタン・ココ

コショウがピリリと
甘さのアクセント

クレーム・ブリュレ・オランジュ

材料 直径9.5cm、
　　　高さ3.5cm(120cc)の
　　　平たい器4個分

卵黄……45g
グラニュー糖……30g
生クリーム……150g
オレンジの搾り汁
……1.5個分(120g)
オレンジの表皮のすりおろし
……1.5個分

キャラメリゼ用グラニュー糖
……適量
オレンジ……適量

1 卵黄をボウルに入れて泡立て器でほぐしてグラニュー糖を加えてすり混ぜ、生クリームとオレンジの搾り汁を加えて混ぜる。
2 1を裏漉し、オレンジの表皮のすりおろしを加え、混ぜて器に流す。バットに器を並べ、器の半分くらいの深さまでぬるま湯を張り、100℃で1時間ほど湯煎焼きにする。クリーム状に焼き上がる。
3 焼けたらバットからはずして粗熱をとり、冷蔵庫で冷やす。
　＊4でキャラメリゼする時に、表面だけ加熱したいので冷やす。
4 3をとり出し、表面にグラニュー糖をまんべんなくふってバーナーで焦げ色がつくまでキャラメリゼする。冷蔵庫で冷やす。
5 オレンジは薄皮まで切りとるように厚く皮をむき、1つの房の両サイドから薄皮と果肉の間にナイフをV字形に入れ、果肉を1つずつとり出す(a)。
6 5のオレンジを斜め2等分にし、4を冷蔵庫から出して4切れずつのせて飾る。
　＊オレンジは、オレンジリキュールと少量のグラニュー糖で30分ほどマリネするといっそうおいしくなる。

[保存もできる]
長期保存したい場合は3で冷凍し、冷凍のまま砂糖をふってキャラメリゼする。

黒コショウ入りクロタン・ココ

材料 90個分

卵白……110g
グラニュー糖……110g

粉類
ココナッツファイン……40g
グラニュー糖……50g
コーンスターチ……15g
黒コショウ……小さじ1・1/2(1.2g)

1 ココナッツファインは天板に薄く広げて170℃のオーヴンできつね色になるまで焼く。焼きムラができないように途中で何度かとり出して、そのつど混ぜる。焼き上がれば粗熱がとれるまで冷ます。
2 ほかの粉類と合わせて目の粗い漉し器でふるう。
3 P57の1～2を参照して卵白に砂糖を加えながら角がしっかり立つまで泡立てる。
4 ボウルに3を移して粉類を加え、P57の3と同様に気泡をつぶさないように混ぜる。ココナッツは水分を吸いやすく、ゆっくり混ぜていると生地が悪くなるので手早く混ぜる。
5 4を口径1.3cmの丸口金をつけた絞り袋に入れ、樹脂製マットかオーヴンペーパーを敷いた天板に高さ3cm程度の円すい形になるように絞る。絞りはじめに動かさずに少したためるようにしてから上に引き上げるようにするとよい。
6 105℃のオーヴンで120分、乾燥焼きする。粗熱がとれたら乾燥剤を入れた密閉容器に入れて保存する。2週間はおいしく食べられる。

おいしさは進化する

かつて僕は、几帳面にもハーブはなんでも細かく細かく刻んでいました。
ムースもストッキングで漉してみたり。
繊細につくることがおいしさにつながる。そう信じていました。
ある時、知合いのレストランのシェフがハーブを粗く刻んでいたのを見て、
「粗すぎないですか」と思わず聞いてしまいました。
すると彼は、「粗い方が、食べた時に香りが立つんだよ」と答えたのです。
料理を食べてみると、確かに口の中で香りが広がります。
以来、粗めに刻むことを意識するようになりました。
切る大きさの差だけで、風味は違ってきます。
ひとつ気づくだけでも、おいしさは確実に進化します。
進歩の速度よりも、1歩ずつでもおいしさに向かう姿勢こそが
大切なのだとつくづく思います。

さて、料理人がなぜ優れているのか。
それはパティシエのようにルールにとらわれず、
素材と対話できる人が多いからです。
お菓子屋は、配合、素材の組合せ方など、
とかく決めごとに目を奪われがちです。
しかし、材料は国や地域、季節によって変わってきます。
フランスでつくっていたものを同じ配合で盲目的に日本でつくっても
決しておいしくはなりません。
なぜなら素材の風味や質が異なるからです。

まずおいしいものを探すことはもちろんですけれど、
もっとおいしい組合せ、
切り方、混ぜ方があるかもしれません。
それも素材をよく知ることからはじまります。
素材と対話できる人になること。
僕もそれをめざしています。

杉野英実 すぎの ひでみ

1979〜1982年在欧。フランス・アルザス、スイスのホテルやレストランでデザートを担当。パリの名店「ジャン・ミエ」、「モデュイ」、「ペルチエ」（2004年に閉店）で当時の最新の菓子づくりを吸収。1992年に神戸・北野に「パチシエ イデミ スギノ」を開店。2002年12月に東京・京橋に移り、「イデミ スギノ」として営業、現在に至る。技術向上をめざす欧州の菓子職人の組合「ルレ・デセール」の会員。既刊に『素材より素材らしく』『杉野英実のデザートブック』（ともに柴田書店刊）がある。

「イデミ スギノ」
杉野英実のスイーツ シンプルでも素材らしく

| 初版印刷 | 2013年4月15日 |
| 初版発行 | 2013年4月30日 |

著者© 杉野英実
発行者 土肥大介
発行所 株式会社 柴田書店
〒113-8477 東京都文京区湯島3-26-9 イヤサカビル
☎営業部　03-5816-8282（注文・問合せ）
　書籍編集部　03-5816-8260
URL http://www.shibatashoten.co.jp

印刷・製本　凸版印刷株式会社

ISBN　978-4-388-06166-2

本書収蔵の「文章」「写真」などすべてのコンテンツの無断複写（コピー）・転載・引用・データ配信を固く禁じます。
乱丁・落丁本はお取替えいたします。

Copyright © Hidemi Sugino, 2013. All rights reserved.
Printed in Japan.